Niklas Gentner

Vom Kopf aufs Blatt

AF272505

In Gedanken entstehen Welten. Wir können sie erkunden – entdecken, was sie zu bieten haben. In ihnen zeichnen wir Sehnsüchte & Herausforderungen, stellen uns unseren eigenen Meinungen & Problemen. Im Kopf gehören sie alleine uns. Die Fantasie ist endlos und gleichzeitig beschränkt, denn es gibt immer etwas, das wir uns nicht vorstellen können oder wollen.

Das ist gut so. Es sind verborgene Welten.

Von meinen Welten möchte ich Euch einen Teil zeigen. Ich habe sie in Worte gefasst, geschmiedet auf dem Blatt und für Euch zusammengestellt. Zu jedem Text möchte ich kurz erklären, wie oder warum ich ihn aus meinem Kopf genommen und auf Papier gebannt habe.

Mögen Euch die Worte unterhalten, nachdenklich machen, inspirieren.

Niklas Gentner

Vom Kopf aufs Blatt

Kurzgeschichten und andere Texte

Impressum

Bibliografische Information der Deutschen
Nationalbibliothek:
Die Deutsche Nationalbibliothek verzeichnet diese
Publikation in der Deutschen Nationalbibliografie;
detaillierte bibliografische Daten sind im Internet über
http://dnb.dnb.de abrufbar.

© 2023 Niklas Gentner

Herstellung und Verlag: BoD – Books on Demand,
Norderstedt

ISBN: 978-3-7578-1912-5

Für meine Eltern, die mich seit meinem ersten Atemzug
unterstützen

Inhalt

SPAZIERGANGGEFLÜSTER

Im ersten Semester meiner Hochschulzeit bin ich Teil einer Schreibgruppe geworden. SchreibGut lautet ihr Name. Von Treibgut abgeleitet.

Das sind für mich Gedanken. Sie treiben umher in den Weiten unseres Kopfes. Wir können sie abschöpfen und aus ihnen Texte bauen. Wie der folgende. Er entstand während eines SchreibGut-Treffens. Wir überlegten uns fünf Wörter und gaben uns zwanzig Minuten, um mit ihnen Texte zu schreiben.

Die Wörter waren: Popcorn, Wurzelstock, Lesezeichen, Seepferdchen, Morgenröte.

♦   ♦   ♦

Nach einer langen Nacht ist Jannick auf der Heimfahrt, in einem Zug der Eisenbahngesellschaft. Der Platz, auf dem er sitzt, ist mit rot-weißem Stoff überzogen. Von vielen Jahren Sonnenlicht ausgebleicht.

Er war bei einem Freund, hatte dort bis fünf Uhr morgens an einem XXL-Holzschlitten gebaut. Nun döst er vor sich hin. Die Lok schiebt sich durch die Nacht.

Eine Ansage ertönt: „Nächste Station, Wielmannsweiler."

Jannick zuckt zusammen. Er muss raus und hastet zum Eingang. Auf der Treppe liegt ein zerknülltes Lesezeichen und ein wenig Popcorn. Eines der weißen Körnchen bleibt an seiner Schuhsohle haften.

Doch der Zug rollt noch. Er holt Luft und wartet vor der Tür. Dann geht ein Ruck durch die Maschine. Er fängt sich ab, die Tür öffnet sich. Draußen ist es kalt.

-

Jannick wohnt etwas außerhalb der Stadt, auf einem Berg. Während des Heimwegs brausen vereinzelt Autos an ihm vorbei. Fußgänger, in dicke Jacken eingehüllt, passieren seinen Weg. Im Park findet er Überraschendes heraus: Sein Lieblingsbaum wurde gefällt. Es war nur noch der Wurzelstock zu sehen.

Nach einer Weile erreicht er den Anstieg zu seinem Haus. Er hätte sich gerne vor ihm gedrückt.

„Na dann. Auf geht's", sagt er und läuft weiter. Er trottet den Berg hinauf, hinein in die langsam erstrahlende Morgenröte.

Zwanzig Minuten später hat er es geschafft. Sein Elternhaus taucht hinter der Kuppe auf. Er geht durch das kleine Tor, vorbei an ihrem Garten. Auf den Pflanzen glänzt Tau.

Bevor er hineingeht, setzt er sich auf die alte Holzbank vor der Wand. In der Wiese sieht er etwas liegen. Das Kuscheltier seiner Schwester: ein Seepferdchen mit blauen Augen.

Sein Blick wandert nach unten. Vor seinen Füßen liegt das Popcorn aus dem Zug. Er schmunzelt, schnappt es sich und läuft in die Wiese. Dort bückt er sich und platziert das luftig aufgepoppte Korn am Mund des Kuscheltiers. „Hier, dass du mir nicht verhungerst."

1. KLASSE BLUES

Zur Hochschule nach Weingarten bin ich meist mit dem Zug gefahren. Zu unterschiedlichen Zeiten, denn meine Vorlesungen begannen manchmal morgens um acht, manchmal gegen Mittag oder später. Einmal, früh um sieben, bekam ich auf der Fahrt die Inspiration zu dieser Geschichte. Ich schrieb sie und im Nachgang fand ich im Internet einen Schreibwettbewerb zum Thema „Verlorene Worte".

,Genial', dachte ich und passte den Text ein wenig an.

Ich schickte ihn ab, gewonnen hat er nicht. Für mich selbst aber war es ein Gewinn. Das ist jeder Text, den ich schreibe. Egal, was später daraus wird.

❖   ❖   ❖

Der Zug gleitet dahin. An Feldern und Wiesen vorbei
Richtung Süden. Die Sonne über dem Horizont, weit drüben
im Osten. Ich stehe im Eingangsbereich. Die Augen müde,
der Kopf nimmt langsam Fahrt auf. Wie der Zug es getan hat.

,Na gut', denke ich, ,mit Süden würden viele etwas anderes verbinden. Strand, Meer, Sonnenbrand.'

Bei mir gehts nur zwanzig Kilometer weit. Auf zur Hochschule, auf in die Wissbegierigkeit.

Sonnenbrand kann es aber auch da geben. So ists nicht.

-

Ich drehe meinen Kopf, schaue durchs Fenster. Hin und
wieder ziehen Bäume vorbei, im Verbund oder Einzeln am
Wegesrand.

Mir fällt ein Reim ein: Sie stehen da, schon ewig lang. Ganz im Gegensatz zu meinem Nebenmann.

Der Nebenmann kam gerade hinzu, bei der letzten Station. Seine Füße hat er auf dem gräulichen Plastikboden geparkt, sein Gesicht direkt vor einer Glastür. Auf der ist eine große Eins zu sehen.

Er klopfte dagegen, nachdem er eingestiegen ist.

Warum?

Weil sich auf den acht Plätzen der Extraklasse bereits genauso viele Hintern niedergelassen hatten. Darunter drei junge Leute, unter achtzehn auf jeden Fall.

Der Mann schaut genervt. Er denkt sich wohl, denke ich: ‚Die haben sicher kein Ticket. Das können die sich gar nicht leisten.'

Die Jugendlichen lachen innerlich, vermute ich.

Die nächsten Minuten steht er so da. Starrt unablässig in den Bereich hinter der Glastür. Er versteht bestimmt die Welt nicht mehr.

Mein Kopf rattert. Das ist zurzeit wahrscheinlich nicht nur bei ihm so.

Ich überlege, was er vorhat. ‚Will er sie mit seiner Willenskraft fortzaubern?'

Diese Kraft wünschen sich manche auf der Welt sicher auch – nur nicht auf diese Kids bezogen. Sondern auf Leute in höheren Positionen, die nicht nur Schülerinnen und Schülern diktieren wollen, was sie zu tun haben.

-

Meine Gedanken kreisen um den beachtlichen Bauchumfang des Mannes: ‚Steht hier und will unbedingt einen Platz für sein teuer erkauftes Ticket.'

Wegen eines Papiers, das die scheinbar unerschütterliche Erlaubnis bringt, einen ganz gewissen Platz einnehmen zu dürfen.

Ich überlege. Vor achtzig Jahren, da gab es Sterne. Auch aus Papier. Die Menschen, die ihn trugen, wurden irgendwann in Züge gezwungen. Denn in die wollte niemand hinein ...

-

Die fixierte Körperhaltung des Mannes bringt mein inneres Gleichgewicht ins Schwanken.

Er schaut mich nicht an, redet nicht mit mir und macht auch keine Geräusche. Trotzdem: Seine bloße, leicht ungeduldige Anwesenheit verrückt mein Geistesgefüge.

‚Erstaunlich!'

-

Der Mann harrt immer noch auf der gleichen Stelle aus und blickt hinter das Glas der spaltenden Tür. Die Jugendlichen schmunzeln in sich hinein.

Ein Gedanke ploppt auf. Ähnlich einer Gasblase in kochendem Wasser.

Inhalt der Blase: Die innere Unruhe einer ganzen Generation spiegelt sich wider in Frust und Rebellion.

Ein Satz. Eine Aussage.

Gerade eben nur in meinem Kopf, irgendwann vielleicht einmal als Graffiti auf einem Brückenpfeiler.

Wird es so weit kommen?

Ich denke nicht.

Schlichtweg ist es ein Satz. Wie so viele andere. Oft sollen sie nach außen hin intellektuellen Anspruch zeigen, nach Innen hin aber in Wahrheit das „Ich bin so schlau"-Hormon in Wallung bringen.

Na gut, nicht immer, aber bei vielen Sätzen, die in der Geschichte gesagt und niedergeschrieben worden sind, könnte das sein ... oder?

-

Ich schaue hinaus. Der Zug wird langsamer. Kurz darauf stoppt er. Jetzt geht die Tür auf. Die vom 1. Klasseabteil. Glück für den Rundlichen, dass sie nicht in seine Richtung aufschwingt. Sonst wäre sie wie ein Flummi an seinem Bauch zurückgeprallt.

Da bemerke ich, dass die Glastür in beide Richtungen aufgeschoben werden kann.

Mein Kopf überlegt. ‚Vermutlich als ideologisches Zeichen gemeint. Um die Verbundenheit der verschiedenen Klassen zum Ausdruck zu bringen‘, sagt er.

‚Diese Ideologie scheint ein wenig von der Realität abzuweichen‘, antworte ich.

Wie weit genau?

Das hängt wohl von der Perspektive ab. Je nachdem, auf welcher Seite man steht.

Nun denn. Überglücklich lässt der Rundliche den anderen Mann an sich vorbei, dann huscht er in den Extrabereich.

Sein Gesichtsausdruck bleibt allerdings gleich.

Ob er tatsächlich überglücklich ist, weiß ich nicht … der Betriebsleiter meiner Gedanken hat das konstruiert – oder in Auftrag gegeben. Keine Ahnung, ob der eigenhändig zusammenschustert, was in meinem Kopf herumschwirrt.

Also: Der Mann läuft an den drei Jugendlichen vorbei und lässt sich auf das frei gewordene Polster sinken.

Jetzt hat er, was er wollte.

-

Ich schaue wieder hinaus. Ein Vogel gleitet vorbei, entschwindet oben aus meinem Sichtfeld.

Meine Gedanken fliegen weiter. ‚Das, was ich gerade und auch sonst häufig tue, ist schon so ein Luxusgut. Ich überlege mir, wie die Menschen neben mir sind und warum sie sind, wie sie sind. Warum wir leben, wie wir leben und welche Auswirkungen das hat.'

In diesem Moment blicke ich auf mich selbst. Mein Magen knurrt. Ich habe heute Morgen noch nichts gegessen – aber da bin ich selbst schuld. Trotz aufkommenden Hungergefühls stehe ich hier und mache mir solche Gedanken. Andere kennen gar kein „aufkommen" in diesem Zusammenhang. Bei ihnen ist der Hunger Dauerzustand.

,Ob diese Leute sich auch solche Gedanken machen?', frage ich mich.

Nein, bestimmt nicht.

Maslow würde sagen: „Die Selbstverwirklichung steht auf der obersten Ebene der Bedürfnispyramide."

Deswegen kann ich froh sein, dieses Bedürfnis angehen zu können. Mein Selbst in Form von Gedanken erkunden und auf Papier verwirklichen. Das Fundament der Pyramide liegt weit hinter meinem Wahrnehmungshorizont. Erleichterung – die ich aber gar nicht so verspüre. Meine Probleme scheinen mir persönlich dennoch recht groß.

Ob ein Mensch den Zustand der ,Problemlosigkeit' erreichen kann?

,Ja', sage ich, ,aber nur in Intervallen. Und kurzzeitig.'

Egal, welche Bedingungen das Leben für einen bereithält. Probleme tauchen auf, machen einem das Leben schwer.

Manchmal zu schwer …

-

Der Zug hat inzwischen die nächste Station erreicht. Die Maschine setzt sich wieder in Bewegung. Hastig schiebt sie sich über die Schienen. Metall auf Metall.

Ein Satz taucht auf. Wo? Vor meinem inneren Auge. Nein, einfach in mir drin. Inneres Auge, das löst eine ziemlich gruselige Vorstellung aus.

Der Satz: „Essenziell und Luxus, zwei Buchstabenzusammensetzungen, hinter denen sich Welten verbergen. Meist total verschieden und getrennt durch große Schluchten. Aber in der Krise, da sind sie schnell sehr nah beieinander."

Oh, doch nicht ein Satz. Jetzt waren's drei. Egal. Achtet eh keiner drauf, und wenn doch, dann ists kreative Freiheit. Oder wie in der Politik.

Nun: Was für die einen Luxus ist, ist für die anderen essenziell. Wenn es aber mal „den Bach runtergeht", denken die einen, also eigentlich die anderen: ‚Ohne das Essenzielle geht nichts mehr.'

Strom zum Beispiel. Für mich ists essenziell, für die einen Luxus.

Was will ich jetzt damit? Ich denke, dass es essenziell ist, sich mit dieser Aussage zu beschäftigen. Warum? Weil einem klar wird, wie sehr wir auf den Luxus angewiesen sind.

Ansonsten fand ich den Satz einfach schön. Na ja, also den Drei-Satz.

-

Mittlerweile bin ich am Bahnhof angelangt. Ich schaue auf eine Werbetafel. Neben ihr quellen Verpackungen aus dem Schlund eines Mülleimers. Bei so viel Unrat muss selbst er kotzen. Obendrauf türmen sich Zigarettenstummel. Ich meine, die Pyramiden von Gizeh zu erkennen. Aber höchst deformiert und freilich kein Weltwunder.

„Investment in die nächste Generation. Kaufen Sie sich jetzt grüne Fonds und seien Sie Teil der Zukunft", steht auf dem

Werbeplakat. Im Hintergrund sind Bäume und zwei spielende Kinder zu erkennen. Ein Mädchen und ein Junge.

„Grüne Fonds … Teil der Zukunft", flüstere ich.

Ein neuer Gedanke bastelt sich in den Tiefen meines Gehirns zusammen: Wie sieht es später einmal aus? Also die Zukunft, von der ich ja ein Teil werden soll.

Auf einmal unterbricht mich die Masse hinter meiner Stirn. ,Wie soll das überhaupt gehen?', ruft sie.

Ich überlege. Stimmt: physikalisch unmöglich. Für mich ist ja immer Gegenwart. Und Teil von der bin ich eigentlich auch nicht. Zumindest fühl' ich mich nicht wie Gegenwart. Sie umgibt mich in gewisser Weise. Als Zahlen auf einer Uhr. Als Sand im Glas, der von der Gravitation bewegt wird. Kleine Wichtel, die an den Körnchen ziehen …

Jaja, diese schönen Gedanken.

-

Jetzt aber: Zukunft. Wie wird sie aussehen?

Ungewiss, finde ich. Nicht morgen, aber in fünfzig Jahren. Vielleicht auch mehr oder weniger.

Kann es so schlimm kommen, wie die Klimamodelle prognostizieren? Oder ist der Klimawandel das spezielle, generative Gesellschaftsproblem meiner Zeit, das für die Kinder meiner Kinder nicht mehr direkt aktuell sein wird? Wenn dann nur indirekt. Wie der Kalte Krieg für uns oder die Weltwirtschaftskrise nach den Goldenen Zwanzigern für unsere Großeltern.

„Die Zukunft wird es zeigen", wird doch so schön gesagt. Obwohl – das weist für mich auf Laisser-faire-Haltung und handlungsbezogene Lustlosigkeit hin. Auch nicht unbedingt die richtige Herangehensweise.

Ich glaube, dass es Auswirkungen haben kann, die „nicht gut" sind. Milde gesagt. Unabhängig davon, ob es bei den Kindern meiner Kinder weiterhin DAS Gesellschaftsproblem sein wird oder dann indirekt wirkt.

Im zweiten Fall, denke ich, wäre es besonders fatal.

-

Das sind so meine Gedanken, die ich denke und denen ich danke, zu sein. Lesen werden sie wahrscheinlich nur wenige. Sich vielleicht kurz selbst was denken, mitunter verstehen, aber bald schon ihren Weg so weitergehen wie vor den Worten, die hier stehen.

Doch wenn diese Gedanken, die ich gedacht habe, auch nur ein Leben bereichern und verändern, bin ich froh.

-

Während ich diese Sätze schreibe, versink' ich tief in andre Welten. Die Buchstaben schweben um mich und heben meine Füße. Treiben mich umher wie Wind den Wüstensand.

Sie bilden seltsame Gefüge und bewegen sich gleich Staubflocken im Sonnenlicht. Manchmal wild, manchmal sanft und ruhig. Meist weilen sie eine Zeit, dann huschen sie fort. Ziehen weiter wie Wellen auf dem Meer.

Doch jetzt habe ich sie zu Papier gebracht. Sie bleiben stehen, entführen an unbekannte Orte, diese sonst auf ewig verlornen Worte.

-

Nun ist mein Kopf still – für einen Moment. Der Zug ist längst weiter Richtung Süden.

Ich steh' vorm Bäcker. Schau auf die vollgebackte Theke.

Da kommt mir noch ein Gedanke.

Er gleitet dahin. Ich lasse ihn los.

‚Später, vielleicht', sage ich und ziehe davon.

FLAMMENDES KÄTHCHEN

In unseren Räumen finden wir vieles. Schau Dich um. Was kannst Du sehen?

Bei SchreibGut sind wir dieser Frage einmal nachgegangen. Das war, als Kälte über dem Land lag. Im Winter, während Lockdown-Maßnahmen und anderen Einschränkungen. Wir hatten uns online getroffen und wollten innerhalb einer halben Stunde eine märchenhafte Geschichte über eine Sache aus unserem Zimmer schreiben.

Ich suchte mir etwas heraus, das auch jetzt auf meinem Fenstersims zu finden ist …

♦   ♦   ♦

„Gute Nacht, mein liebes Kind", sagte Katharina. Sie gab ihrem Sohn einen Kuss auf die Stirn. „Sei behütet im Schlaf und lass dich überkommen von den Weiten deiner Fantasie."

Tom lächelte. „Danke Mama, das wünsche ich dir auch."

Er drehte sich zur Seite.

Seine Mutter zog die Decke hinauf. Bis über seine Schultern. Danach drehte sie sich um, pustete die Kerze aus und ging aus dem Zimmer.

Ihr Sohn aber stieg nochmals aus dem Bett. Er holte die kleine Vase mit der Pflanze darin, die ihm seine Mutter am Mittag gepflückt hatte. Sie hatte einen langen Stiel und kleine, ovale Blätter mit vielen Einkerbungen. Sie wirkten wie Pfötchen. Am oberen Ende des Stiels wuchs ein Schirm aus schneeweißen Blüten. Jede einzelne sah aus wie ein zweischichtiger Stern.

Tom schlüpfte zurück ins Bett und drückte die Pflanze an seine Brust. Er stellte sie neben sich auf den Nachttisch. Wenige Minuten später schlief er.

Er tauchte ein in die Welt der Träume. Überall waren seine Freunde. Sie lachten und winkten ihm zu. Der Himmel war blau, die Sonne stand hoch über ihnen. Er lief umher und redete mit allen, die er traf. Sie erzählten ihm von einem großen See. Berichteten von tollem Essen und zeigten ihm Figuren aus Holz, die sie geschnitzt haben. Tom fühlte sich wohl. Er wollte mehr sehen und machte sich mit seinem besten Freund auf den Weg zum See.

Auf einmal rannte seine jüngere Schwester Theresa auf ihn zu. Sie packte ihn, zerrte an seinem Körper und schrie: „Tom! Tom! Bitte, komm hier weg!"

Im nächsten Moment fuhr er auf.

Er war in seinem Zimmer.

Theresa stand neben ihm. Ihr Gesicht vor Panik verzerrt.

Hinter ihr, am Vorhang seines Zimmers, drückte dichter Rauch herein. Dahinter flackerte gelboranges Licht. Es zischte und rauschte, knisterte bedrohlich wie nahendes Kampfgeschehen an der Front.

„Tom! Tom! Wir müssen Mama helfen!"

Theresa zerrte ihn aus dem Bett. „Sie ist im Wohnzimmer. Komm! Schnell!"

Er hielt sich sein Nachthemd vor den Mund und sprang zum Vorhang. Als er ihn zur Seite schlug, blickte er auf eine dichte Feuerwand.

Sein Verstand setzte einen Moment aus. Katharina stand inmitten dieser Höllenbrunst.

Doch sie schrie nicht. Sie blickte ihren Kindern friedvoll entgegen.

„Mama!", brüllte Tom.

Sie schüttelte ihren Kopf. „Mein Sohn, es ist alles gut. Ich werde euch beschützen. Versprich mir: pass auf deine Schwester auf, ja?"

Toms Angst verschwand. Sie verflüchtigte sich im Blick seiner Mutter. Er rührte sich nicht. Nickte bloß.

Katharina schaute sie an. Eine Träne im Auge. Frieden im Herzen. „Ich liebe euch. Vergesst das nie!"

Dann setzte sie sich hin und verschränkte die Arme vor der Brust. Sie blickte zu Boden.

Und das Feuer stoppte. Für einen Augenblick. Es griff nicht mehr um sich. Die Flammen standen still.

Katharina schloss die Augen und auf einmal zogen die Flammen zu ihr. Sie verdichteten sich und kreisten um die junge Frau.

Tom konnte seine Mutter nicht mehr sehen. Nur noch einen Feuerball. Wild und unbändig, mit jeder Sekunde aber ruhiger und gleichmäßiger. Er wurde kleiner, immer kleiner, bis eine winzige Kugel im Raum schwebte. Leuchtend gelb und hell.

Ihre Mutter war fort.

Der Ball bewegte sich auf die beiden Kinder zu. Er glitt über ihre Köpfe hinweg. Sie blickten ihm hinterher.

Sein Weg zeichnete sich ab. Er flog auf die Pflanze in Toms Vase zu. Näher und näher, bis er knapp über ihr stoppte. Ein letztes Mal pulsierte er auf, dann versank er im obersten Zweig. Und die Blüten verfärbten sich. Die schneeweiße Farbe verwandelte sich in ein helles Orange.

Am nächsten Tag setzten Tom und Theresa die Pflanze in ihren Garten. Sie weinten bitter, doch sie wussten: ihre Mutter würde da sein, für immer, bei ihnen.

PHYSIK DES LEBENS

Eine Kommilitonin von SchreibGut trug einmal einen Text mit dem Titel „Energiedepot" vor. Sie hatte mich auf eine Reise mitgenommen. Ich war Protagonist und Zuhörer zugleich.

Tage später wollte ich einen ähnlichen Text kreieren. Ich fing an, auf mein Handy zu tippen. Nach einer Stunde hatte ich das letzte Wort auf Papier gebracht und ich war sehr zufrieden mit dem, was herausgekommen war.

Mein Herz hatte mich beim Schreiben geleitet. Ich hoffe, auch Deines auf eine schöne Reise mitnehmen zu können.

$$\updownarrow \qquad \updownarrow \qquad \updownarrow$$

Einmal will ich sein, ohne Angst und ohne Furcht. Tragen werden mich die Füße, zu ganz neuen Ufern, fern und wütend. Das Wasser schnellt die Felsen hoch, bricht sich in tausend Tröpfchen, macht nass die Steine und mein Köpfchen.

Ein ewig Kreislauf seh ich da, Welle kommt, Welle geht. Steine schleifen über Jahre, immer fort und ohne Ruh.

Ich frage mich, wie mein Geist gerne wär.

Die Antwort: so mächtig wie das Meer, so beständig wie die Sonne am Himmel steht oder wie die Wolken sich formen und wieder vergehen.

Mein Kopf, der dreht sich wie die Erde, um sich selbst und das Energiesystem, das gelb auf Kinderzeichnungen nie fehlt.

Hier nun mein ich als System, all die Menschen, die sich um mich herum beweg'n.

Ich selbst steh mir meist im Fokus, auch wenn ich, anders als der Globus, nicht immer will, dass das so geschieht.

Die anderen, die wirken klein am Firmament, aber ihre Kraft zieht mich derart an, dass ich mich nicht dagegen wehren kann.

Die Gedanken kreisen um sie: wie sie wohl wollen, wie ich hier leb? Was sagen sie zu dem, wie ich mich geb?

Doch da kommt mir in den Sinn, dass sich Sonne, Mond und anderes Gestirn nicht darum bemühen, einander nah zu stehen. Ihre Bindung war einfach da, von Anbeginn des Seins – kann es so nicht auch bei uns Menschen sein?

Brauchen wir Designer sein, von unsrem eignen Lebensstein? Müssen wir das Wasser ahmen, um zu schleifen, wer wir sind? Dass wir nicht auffall'n oder uns brechen, am großen gesellschaftlichen Aussiebungsrechen?

Warum können wir nicht einfach unsre Zacken bewahren? Das, was uns verankert in der Heimat, wie und was auch immer das für einen sein mag.

Die Bindung zu all den Freunden und Leuten ist da, von Grund auf – und aufgrund des Lebens, das wir in uns trag'n.

Wie die Einigkeit, die O_2 uns so locker leicht vorzeigt. Ja, wir sind uns gleich, so freundschaftlich – oder etwa nicht?

Ist stattdessen das Leid, was unsre Gesellschaft sich erteilt, von Grund auf gegeben, wie die Unverbindlichkeit zweier Pole der gleichen Magneteinheit? Denn Süd und Süd oder Nord und Nord lässt sich nie verbinden, wenn ein Mensch es mit den Händen versucht zu erzwingen.

Ob so oder so, das kann ich nicht bestimmen, doch für mich steht fest, ich bin lieber ein Zweisamding im Sonnenlicht, denn ohne Freundschaft brächt' das ganze Leben nichts.

EINE ROSE IN DACHAU

In meiner Gymnasialzeit machten wir viele Klassenfahrten. Eine hat sich stark in meinem Gedächtnis verankert. Es ging nach Dachau, in die KZ-Gedenkstätte.

Im Frühjahr 2023 erinnerte ich mich an diesen Tag zurück. Ich wollte festhalten, welche Gedanken und Gefühle mich damals begleitet haben.

Deshalb schrieb ich diesen Text. Manche Beschreibungen sind brutal und schrecklich. Ich möchte Dich darauf hinweisen, Dir zugleich aber nahe legen, die Geschichte nicht zu überspringen.

$$\updownarrow \quad \updownarrow \quad \updownarrow$$

Der Zweite Weltkrieg beschäftigt mich seit vielen Jahren. Es gibt Phasen, während denen ich intensiv darüber recherchiere, Videos anschaue und Berichte durchlese. Im Fernseher laufen oft Dokus über den Krieg und seine Vorgeschichte. Über viele verschiedene Ereignisse und Bereiche erstrecken sich die Beiträge. Sie zeigen Biografien der damaligen Politiker, behandeln bestimmte Schlachten und Wendepunkte oder gehen detailliert auf Zahlen und Daten ein. Wie viele Soldaten kämpften unter den beteiligten Staaten? Wie viele Panzer, Flugzeuge und Waffen wurden eingesetzt? Wie viele Menschen starben?

Eine Zahl hat sich tief in mein Gedächtnis eingebrannt. Sie beginnt mit einer sechs. Es folgen viele Nullen. Ihre Bedeutung bezieht sich auf das Schrecklichste, was ein Krieg verursacht: Leichen.

Nach sechs Jahren standen die Herzen von Menschen, Pferden und anderen Lebewesen still. Sie regten sich nicht mehr. Nie wieder.

Ohne den Krieg hätten sie noch viele Schläge getan.

Die Zahl, von der ich schreibe, könnte als Statistik gezeigt werden. Als Balken, Kreis oder eine andere Form. Das wäre eine Grafik, die eine Zahl darstellt. Für sich betrachtet ohne Bedeutung. Doch hinter dieser Zahl liegt etwas verborgen. Etwas Erschreckendes und Grausames, wie es die Welt bis dahin noch nie gesehen hatte.

Jede einzelne Ziffer, die darin steckt, ist mit einer persönlichen Geschichte verknüpft. Ihre Geschichten gehören erzählt. Zeitzeugen berichten von ihren Erlebnissen.

Ich bin kein Zeitzeuge des Krieges. Ich bin Zeitzeuge der Nachkriegsgenerationen. Ich möchte eine Geschichte erzählen, die ich mit dieser Zahl verbinde.

Sie ist die 6.000.000. Ihr bin ich oft begegnet.

Sie ist Teil unseres kollektiven Gedächtnisses. Das von uns allen. Der Menschheit.

Sie verbildlicht und komprimiert all die Menschen, die wegen der nationalsozialistischen Rassenideologie verfolgt und umgebracht worden sind. Die meisten von ihnen haben ihr Leben in Fabriken der Zerstörung verloren. Das waren Landflächen, auf denen Gebäude errichtet worden sind. Gebäude, in denen Menschenleben beendet wurden. Menschen mit all ihren Erlebnissen, Emotionen und Gedanken.

Sie wurden zerstört.

So wie wir waren es lebende und liebende Wesen, die an einem Tag in diese Fabriken gebracht wurden. Wenige

Stunden später waren sie fort. Ihre Körper waren zu Asche verbrannt. Ihre Existenz war pulverisiert.

Von vielen Familien überlebten nur wenige, die die Erinnerung an sie bewahrten. Die mit den Namen dieser Menschen Geschichten und Emotionen verbanden. Die Lebenslinien von anderen Familien hörten aber in absoluter Unumkehrbarkeit auf. Niemand von ihnen überlebte. Ihre Familiengeschichte endete an diesen Tagen.

-

Ich selbst war in einer dieser Fabriken. Mit meiner Schulklasse. In Dachau.

Ich kannte Bilder von diesem Ort. Die Gebäude und das Gelände. Meist als Schwarz-Weiß-Aufnahmen.

An diesem Tag sollte ich sie in Realität sehen.

Als wir auf den Eingang zuliefen, rückte meine Gedankenwelt stärker in den Vordergrund. Das sollte den ganzen Aufenthalt so bleiben.

Das Torgebäude erinnerte mich an die Einfahrrampe von Auschwitz. Die kannte ich auch von Bildern.

Das Gebäude in Dachau war kleiner. Zwei schwarze Gitterflügel sperrten den bogenförmigen Durchgang zu. In der Mitte des Daches ragte ein niedriger Aussichtsturm in die Höhe.

Das Tor konnte entweder vollständig geöffnet werden oder nur eine Tür innerhalb des Gitters. Über dieser war „Arbeit macht frei" zu lesen.

Worte, die mir tief ins Mark fuhren.

Von den Menschen, die während der NS-Zeit durch dieses Tor geschritten waren, sind viele nie wieder hinausgegangen. Sie wurden eingesperrt, zur Arbeit gezwungen, gefoltert, geschlagen und vergast. Das Lager befreite sie nicht. Wenn dann nur von ihrem Leid, das durch genau dieses Lager verursacht worden ist.

Durch das Lager wurde etwas anderes frei. Nicht die Arbeitenden. Nein, es waren die Köpfe der Menschen, die die „Judenfrage" lösen wollten.

-

Ich folgte unseren Lehrern durch das Tor. Dahinter erstreckte sich ein weiter Platz. Rechts stand ein großes Gebäude. Links sah ich zwei niedrige, zerbrechlich wirkende Baracken. Dazwischen lag ein Weg. Hohe, schmale Pappeln säumten seine Ränder.

Es war komisch, das Gelände zu sehen. Dort wurden vor achtzig Jahren tausende Menschen eingepfercht. Krankheiten rafften sie dahin. Hunger zehrte an ihren Muskeln. Nazis schlugen, folterten und töteten sie.

Ein älterer Herr wartete auf uns. Unser Begleiter für den Tag. Er war sehr sympathisch.

Zuerst zeigte er uns das große Gebäude. Das war das sog. „Wirtschaftsgebäude".

Wirtschaft. Ein Begriff, der sich in meinem Kopf sonst mit Wachstum oder gemütlichem Beisammensitzen in uriger Atmosphäre verbindet.

Hier war mit Wirtschaften das Ausnutzen und Töten menschlicher Leben gemeint.

Die Wände im Gebäudeinnern waren kahl und von vielen Jahren angefressen.

Heute werden die Räume als Ausstellungsfläche genutzt. Infotafeln mit Bildern sind installiert worden.

Während ich dort entlangging und mir einige der Texte durchlas, lag ein düsterer Nebel über meinem Bewusstsein. Er drängte sich in alle Ecken meiner Wahrnehmung.

Am Ende traten wir wieder ins Freie. Nun standen wir auf einem schmalen Hof zwischen dem Wirtschaftsgebäude und einem weiteren Bauwerk. An einem Ende, wenige Meter von uns entfernt, grenzte eine Ziegelwand den Hof ab.

Unser Begleiter teilte uns mit, dass dort Häftlinge erschossen worden sind.

Ich blickte auf die dunkle Mauer. Der Boden war grau. Alles wirkte irgendwie feucht.

Ein Schauer jagte über meinen Rücken. Hier sind Menschen getötet worden. An dieser Wand. Ich glaubte, ihr Blut sehen zu können. Ihre Körper, wie sie reglos da lagen. Durchsiebt von Metallkugeln.

-

Danach setzten wir unseren Weg bei den Baracken fort. Das waren lange, niedrige Gebäude aus dünnen Wänden und Dächern.

Im NS-Reich sind vierunddreißig errichtet worden. Sie alle wurden später abgerissen. Zur Erinnerung wurden die Fundamentflächen eingefasst und mit Kies befüllt.

Die beiden Baracken, die heute dort stehen, sind Nachbauten. In ihrem Innern gibt es Aufenthaltsräume und Schlaflager. In ersteren stehen Holzbänke und ein paar Tische. An den Wänden reihen sich schmale Spinde. In den Schlafräumen ragen Holzgestelle bis knapp unter die Decke. Sie reichen tief nach hinten.

Die Häftlinge hatten zum Schlafen so viel Platz wie Pendelnde in einer überfüllten U-Bahn. Wenn sie sich herumdrehten, schauten sie direkt ins Gesicht eines anderen Menschen.

Sie wurden dort gehalten, zu riesigen Massen. Massenmenschenhaltung.

Zweck des Ganzen war Tod und gnadenlose
Unterdrückung. Tod durch Arbeit. Tod durch Gewalt.

-

Insgesamt waren wir mehrere Stunden auf dem Gelände. Das
Eindrücklichste und zugleich Schrecklichste war ein Gebäude
abseits des großen Platzes und der Baracken-Reihen.

Es war aus roten Ziegelsteinen erbaut. Oben auf dem
spitzen, schwarzen Dach stach ein massiger, rechteckiger
Kamin in die Höhe. Er war ein Turm der Mahnung. Er
markierte die letzte Station der Vernichtung.

Wir gingen am hinteren Ende in das Gebäude. In den
ersten Räumen war es hell. Sonnenlicht fiel herein.

Unser Begleiter erklärte, dass in Dachau eine Gaskammer
eingebaut worden ist, Massenvergasungen aber nicht
stattgefunden haben. Er beschrieb uns, wie das Morden in
anderen KZs und den Vernichtungslagern ablief.

Die Menschen sind zu Beginn aufgefordert worden, all ihre
Klamotten abzulegen. Schuhe wurden gesammelt, Brillen zu
Hunderten aufgehäuft.

Es wurde ihnen gesagt, dass sie zum Duschen gehen
würden.

Den ‚Duschraum' betraten auch wir.

Wir, die Nachkriegsgenerationen, sollten erleben, wie es ist,
in einer Gaskammer zu stehen. So wie sie in den
Vernichtungslagern vielfach betrieben worden sind und für
Millionen Menschen den Tod bedeutet haben.

Für die Menschen hieß es, wenn die Tür hinter ihnen
geschlossen wurde, dass das Ende ihrer irdischen Existenz
nur noch wenige Minuten entfernt war.

Ich stellte mir vor, wie das Gas eingeleitet worden ist.
Zyklon B. Ein grauenhafter Name. Ein stilles, unsichtbares

Monster, das langsam durch den Raum schlich und um sich griff. Werkzeug einer hasserfüllten Ideologie, die alles von den Menschen auslöschen wollte. Ihr materielles, gedankliches und physisches Wesen. Menschen, die andere Menschen verbrannten, zerschmetterten und ihre Persönlichkeit mit allen Facetten für immer unkenntlich zu machen versuchten.

Nichts mehr sollte an sie erinnern.

Die, die am nächsten bei den Einlassöffnungen standen, fielen nach kurzer Zeit ins ewige Dunkel.

Zu den anderen brauchte das Gas länger. Sie sahen, wie ihre Mitmenschen starben.

Bis auch sie ihren letzten Atemzug taten.

-

Ich schaute mich um und wurde ruhig. Meine Gedanken malten Bilder. Es waren Bilder von Menschen, die in solche Räume hineingezwängt worden sind. Ohne Kleidung an den Körpern. Völlig nackt und entblößt.

Ich versuchte mir vorzustellen, was sie gedacht und getan haben. Lange konnte ich das nicht. Zu erdrückend waren diese Vorstellungen.

An solchen Orten, in ganz Europa, sind Millionen Menschen gestorben. Sie sind hingeführt worden, um ermordet zu werden.

Ich lief langsam umher und schaute mir die Wände an.

Ich erinnerte mich an Bilder aus dem Internet. Aus den Gaskammern in Auschwitz-Birkenau. Überall habe ich auf diesen Abbildungen längliche, feine Risse gesehen. Dazu las ich Beschreibungen von Häftlingen, die den Sonderkommandos angehört haben: Die zum Sterben bestimmten Menschen haben an den Wänden gekratzt. Sie haben geschrien und einander zerfetzt, bei dem aussichtslosen Versuch, aus der Kammer zu entkommen.

Räume wie dieser waren Schauplätze höllischer Ermordungen. Die Leichen sind ineinander verkeilt gewesen. Die Sonderkommandos haben zerren und reißen müssen. Nur so haben sie die Körper herausholen können.

Minutenlang war ich dort.

So ein Moment bleibt unvergessen. Die kahlen Betonwände. Die Duschköpfe. Das Bild, das sich in meinem Kopf aufgetan hat.

Was haben die Menschen gedacht? Wie viele von ihnen haben gewusst, dass sie sterben würden, sobald die Tür hinter ihnen ins Schloss gefallen war?

-

Nach der Gaskammer gelangte ich in einen großen Raum. Es war das Krematorium.

Drei Öfen aus Ziegelsteinen sah ich. Sie waren eckig, breit und lang. Jeder hatte eine Öffnung. Sie war wie ein Torbogen geformt. Mit zwei Klappen konnte sie verschlossen werden.

Ein Gestell ragte nach draußen. Eine schmale Liege war darauf montiert. Dort sind die Leichen hinaufgelegt und in das Innere des Ofens geschoben worden. Wenn die Klappen wieder aufgegangen sind, waren sie fort. Dann war die „Judenfrage" ein Stück weiter gelöst. Dann war ein Mensch vernichtet. Nichts als Staub und Asche blieb von ihm zurück.

Der Bereich um die Öfen war abgesperrt. Ich konnte nicht näher als zwei Meter herankommen. Näher hätte ich wahrscheinlich auch nicht gewollt.

Ich blickte in die Öfen. Es waren enge, düstere Röhren. Die Steine wirkten wie mit einer grauen Schicht überzogen. Als ob sie erst vor kurzem noch von glutheißer Hitze erstickt worden wären.

Auf einmal trat eine Frau heran. Sie stieg über die Sperre, ging an einen der Öfen und legte eine Rose ab.

Danach verließ sie den Raum.

Ich sah auf die Pflanze.

Ihre Blüten warfen zarte Strahlen des Lebens in die beklemmende Atmosphäre dieses Ortes. Was sich durch diese Rose ausdrückte, war das Vermächtnis all der Menschen, die gestorben sind.

Sie sind nicht vergessen. Das dürfen sie nie sein.

Diese Rose trotzte all der Gewalt und dem Grauen, die durch die Gemäuer dieses Gebäudes in meinem Kopf präsent wurden. Sie zeigte mir, dass sich die Liebe nicht unterkriegen lässt. Die Frau, die sie dort abgelegt hat, hat sie als Zeichen des Erinnerns hinterlassen. Die Frau war lebendiger Beweis, dass der Hass und die Gewalt des NS-Regimes nicht gesiegt haben. Die Nazis haben es nicht geschafft, ihre ideologischen Feinde unwiederbringlich zu vernichten.

Ich sah die Rose an.

Sie sagte: „Ich **bin Leben. Ich bin Erinnerung.** Vergesst nicht, was hier geschehen ist."

-

Als wir wieder draußen standen, erzählte unser Begleiter, was in Dachau während der letzten Monate vor Kriegsende geschehen ist. Die Menschen sind in so großen Zahlen gestorben, dass die Sonderkommandos nicht hinterherkamen, alle Leichen zu verbrennen. Die Toten haben sich auf dem Hof vor dem Krematorium gestapelt.

Ich erinnerte mich an ein Foto. Es stammte aus dem Vernichtungslager in Auschwitz. Einer der Häftlinge, die in den Krematorien arbeiten mussten, hat eine Kamera hineinschmuggeln und Aufnahmen nach draußen bringen können. Eine zeigte, wie seine Mithäftlinge Leichen auf einen qualmenden Haufen zogen.

So stellte ich es mir in Dachau vor. Nur, dass der Leichenberg nicht brannte.

Mein Blick wanderte zum Kamin des Gebäudes. Aus diesem ist der dunkle Rauch der Öfen aufgestiegen. Die letzten physischen Reste von abertausenden Menschen haben sich von dort aus in alle Richtungen verteilt. Sie haben kein Grab bekommen. Keinen Ort, an den ihre Hinterbliebenen gehen konnten, sofern sie nicht auch das gleiche Schicksal erlitten hatten.

Sie haben kein Erbarmen erfahren. Nur Hass und Brutalität.

Unter meinen Füßen lag Kies. Beim Gehen wirbelte trockener Staub auf. Um mich herum standen stille Zeugen einer vergangenen Zeit. Gebäude einer Fabrik der Zerstörung. Sie erinnerten an unsägliches Leid und wahnhaften Völkermord.

So wie die Rose. Mit roten Blüten.

An sie werde ich mich immer erinnern.

-

Ich habe im Internet oft nach den Konzentrations- und Vernichtungslagern gesucht. Ich las Artikel über die Zustände während der NS-Zeit, über die Folter- und Tötungsmethoden oder die Ereignisse unmittelbar vor und nach der Befreiung der Lager durch alliierte Streitkräfte.

Der Todeszug aus Buchenwald blieb mir besonders im Kopf haften. Er ist Beispiel für das entsetzliche Chaos, das am Ende des NS-Reichs in den Lagern herrschte.

In den letzten Kriegswochen ist ein Zug vom KZ Buchenwald in Mitteldeutschland mit Häftlingen besetzt in den Süden Bayerns losgeschickt worden.

Vorgesehen war ein Tag für die Fahrt. Bei diesem Tag blieb es nicht. Stattdessen weitete sich der Zeitraum auf ein Vielfaches aus. Drei Wochen fuhr der Zug durchs Land. Am Ende kam er in Dachau an. Um die Personen, die darin eingesperrt waren, scherte sich niemand mehr.

Ein Großteil der Transportierten kam um. Ihre Leichen wurden in die letzten Waggons geschmissen. Die Fahrt ging einfach weiter.

Wie viele überlebt haben, ist nicht bekannt. Bei einem Zwischenhalt wurden etwa achthundert Leichen verbrannt. Danach starben nochmals mehr als ein- oder zweitausend.

-

Der Todeszug aus Buchenwald ist ein Verbrechen von vielen. Zahlreiche Massaker sind von den Nationalsozialisten durchgeführt worden. Der industrielle Völkermord war eine grauenhafte Perversion. Die Bezeichnung an sich stellt mir alle Haare zu Berge. Wenn ich darüber lese, kann ich mir nicht vorstellen, wie das Leben in Gefangenschaft gewesen sein muss. Ich kann mir nicht vorstellen, wie es ist, jeden Tag Menschen sterben zu sehen, weil sie einer bestimmten Religion folgen oder einer gewissen Nation angehören. Ich kann mir nicht vorstellen, wie es gewesen sein muss, Leichenberge zu erblicken und überall den Geruch des Todes ertragen zu müssen.

So wie Gedanken solche Situationen nicht auszumalen imstande sind, so können Texte diese Umstände wohl auch nicht beschreiben. Das menschliche Leid in den KZs und

Vernichtungslagern in Worte zu fassen, kann die Realität abbilden, aber nie wirklich greifbar machen.

Diese Situationen sollen nie wieder greifbar sein. Es darf nie wieder zu Todesfabriken und Genoziden kommen. Nie wieder Vernichtung. Nie wieder Verfolgung, Euthanasie und Rassenhass.

Doch Genozide finden statt.

Heute – in unserer Welt.

Lasst uns den Menschen helfen, deren Leben davon bedroht sind. Spendet, redet, erzählt von der Vergangenheit. Von ihr können und müssen wir lernen. Wenn ihr auf Rassismus trefft, begegnet ihm mit Mut und dem Willen, davor zu schützen. Hört euch beide Seiten an. Versucht, die Aggressoren zu verstehen und ihnen zu helfen, ihren Hass zu überwinden.

Friede und Herzlichkeit, das sind die Gebote, die allzeit verheißen wurden und geltend sind für alle Zeit. Wir können unsere körperlichen Bedürfnisse stillen. Wir haben Essen und Trinken, Wohnungen und Wärme.

Alles sonst, das ist Luxus. Aus Angst, diesen zu verlieren, brauchen wir niemanden zu hassen.

-

Ich habe meine Geschichte erzählt. Eine Geschichte von den Fabriken der Zerstörung. Vergesst sie nicht.

Wie die 6.000.000 anderen.

Was war, wird vergessen werden. Es sei denn, wir erzählen uns davon. Drum lasst uns reden. Über das, was nie wieder sein darf.

VON GRÜNEM GEÄST ZU
GRAUEN WEGEN

Beim Zugfahren kommt es gelegentlich anders als gedacht. Technisch gesehen ist es ein Meisterwerk, organisatorisch betrachtet in Deutschland oft zum Haareraufen.

Für mich persönlich ists, sobald ich drinne sitz', Entspannung. Ich begegne interessanten Leuten, treffe Bekannte oder sehe neue Landschaften. Nicht nur geografische, auch gedankliche.

An einem Morgen führte mich mein Gedankenweg zu diesem Text.

♦   ♦   ♦

Da geht der Mensch, als kleines Wesen, vorüber an den Giganten der Natur. Hochhäuser aus braunem Gerüst, mit grünstrahlendem Gewand. Der Mensch, der läuft vorbei, doch ist ganz woanders. Der Wald, er schreit, brüllt und jauchzt. Sein Duft durchdringt die Luft, er atmet wie ein riesiges Geschöpf und pumpt den Lebenssaft durch seine Adern.

Doch der Mensch, der geht vorbei. Ohne zu sehen, ohne zu riechen, ohne zu fühlen. Sein Blick wandert umher, nimmt aber nicht wahr. Sein Gehör erfasst den Schall, lauscht aber nicht den Klängen.

So schreitet er über Kies und Laub, vorbei an den Giganten der Natur.

Was um ihn herum passiert, das ist ihm nichtig. Am Ende verlässt er ihn, den Wald, und geht über ins graue Konstrukt der Zivilisation.

Und hinter ihm, da ziehen die großen Maschinen. Die Sägemonster und Fräsen, die Bulldozer und Bagger. Machen platt, was so kraftvoll, so lange gewachsen war. Sie reißen nieder und zerstören das Geschöpf, das auf so unglaubliche Weise lebt und Leben schenkt. Nach und nach muss es Betonstraßen und Gebäuden weichen.

Und mit ihm gehen alle Wesen unter, die Heimat suchten in seinem Adergeflecht.

Bis all das Grün verschwunden ist und sich das Sonnenlicht nur noch an hartem, chemisch gebundenem Gesteinsmaterial bricht.

-

Irgendwann, da geht der Mensch, als kleines Wesen, vorbei an den riesigen Bauten seiner eigenen Existenz.

Und es fragt sich keiner mehr nach den einstigen Giganten, die dort standen. Längst sind sie vergessen und der Mensch merkt es kaum. Doch seine Seele, die weiß: Es fehlt ein wichtig Teil in der Welt. Von Tag zu Tag wird das Gefühl stärker, schlimmer und heftiger. Bis zu jenem Moment, wenn auch der Kopf spürt, dass etwas Fundamentales nicht mehr da ist.

An diesem Punkt ist es längst zu spät, denn der Wald wird komplett gegangen sein.

So wird er, der Mensch, schreiten über seine Betonwege, müd und haltlos, selbst sich fragend: „Ist das der Preis für unser Leben?"

DIE LETZTE

Im Leben kommt es zu Momenten, da stellen wir uns die Frage, was wäre wenn. Was wäre, wenn ich fliegen könnte? Was wäre, wenn Spinat nach Zuckerwatte schmecken würde? Wären dann alle so stark wie Popeye?

Im Sommer 2022 stellten wir uns von SchreibGut verschiedenen Fragen dieser Art. In der Mittsommernacht, dem längsten Tag im Jahr, trugen wir unsere Texte einem Publikum vor. Auf einer Wiese hinter der Hochschule, bei Getränken, Vogelgezwitscher und Dämmerlicht.

Draußen, finde ich, liest sich die Geschichte besser als im Haus. Mit Aussicht übers Land.

Wieso, das wirst Du gleich erfahren.

⧫   ⧫   ⧫

Hallo, mein Name ist Finelle. Das ist eine Kreation aus dem französischen Wort „Le Fin", das Ende. Und wie der Zufall, oder vielleicht auch etwas anderes es wollte, bin ich die Letzte. Die letzte einer Generation – einer gesamten Spezies. Ich sitze hier, weit über den Wäldern und Seen einer Landschaft, die einst das „Eurasische Paradies" genannt wurde. Ein unbekanntes Paradies für all jene, die aus den Weiten der „Urban Districts" kamen. Wobei Districts wahrlich nicht der passende Begriff für das war, was es beschreiben sollte. Denn Distrikte oder einzelne Bereiche waren nicht zu unterscheiden. Alles war eins: eine große, graue und leblose Aneinanderreihung von Betonbauten und rauchspuckenden Schloten. Sie reichten schier ins Unendliche und wurden bewohnt von Robotern im Hautmantel. Zwar waren es Homo sapiens, wie ich es bin, doch von ihrem natürlichen Wesen war nichts mehr übrig geblieben.

Das Paradies, das war Zufluchtsort und letzte Stätte der Natur, die dort auf wenige Quadratkilometer eingeengt worden war. Sie wurde eingesperrt von einem Geschöpf, das seinen Aufstieg ihr zu verdanken hat: dem Menschen.

Seine Geschichte begann vor über einer Jahrmillion mit einem Schritt der Evolution. Es entstand der Homo sapiens. Klein und unscheinbar. Ohne großes Verbreitungsgebiet. Doch innerhalb einer Sekunde der erdgeschichtlichen Zeiteinteilung hatte er alles vereinnahmt, den gesamten Planeten besiedelt und ihn nach seinen Vorstellungen gestaltet und verwendet. Um es in seiner Sprache auszudrücken: „Er hat die Welt sein Eigen gemacht." Das, was das Menschengeschlecht wollte, wurde zum alles umfassenden Dogma.

Bis fast überall das Grüne verschwunden war und stattdessen die menschlichen Konstrukte aus Stein und Metall das Antlitz der Erde überwuchert hatten.

Die Pflanzen wurden verstümmelt und geschlachtet, die Mitgeschöpfe systematisch gejagt, ausgerottet und industrialisiert. Die Böden wurden ausgebeutet, ob zu Land oder tief unter den Weltmeeren, bis zum letzten Gramm Material, das in den Industriemühlen Verwendung gefunden hat.

Erst als das letzte Öl gefördert, die letzten Metalle verhüttet und die letzten Äcker ausgezehrt waren, stieg der Homo sapiens darauf um, in Laboren all das zu erzeugen, was er zuvor direkt vom Planeten genommen hatte.

Jährlich kamen mehr Individuen hinzu, bis ihre Anzahl ins Unermessliche gewachsen war. Durch den immensen

Hunger der Fabriken verdreckte die Luft und bald bestand sie nur noch aus einem dichten, braunen Nebel, der die Lungen der Menschen zerkratzte und die Sonne verdunkelte.

Pflanzen und Tiere waren nur dort geduldet, was als „Paradies" bezeichnet worden war.

Es gab zusammengenommen fünf solcher Paradiese. Winzig klein und auf dem Globus verteilt. Eines in Afrika, das war das größte von allen und dennoch umfasste es gerade mal ein Gebiet, auf dem ein großer Vergnügungspark hätte Platz finden können. In diesem Fleck wuchsen die ungewöhnlichsten Pflanzen und die komischsten Tiere brüllten ihre Laute.

In Nordamerika lag das Paradies, das „Natures Destination" hieß. Es war nicht das kleinste, aber wohl das unerwünschteste und so war dieser Name gewählt worden, um der Natur klarzumachen, dass das ihre Bestimmung war. Ihr Ziel, vom Menschen festgelegt. Ohne die Chance, auch nur einen Deut darüber hinaus zu existieren.

Dem südamerikanischen Paradies wurde mehr Freiraum gestattet. Wenn ein Tier dem Paradies entfloh, was vor allem den Jungen in naiver Neugier passierte, wurden sie nicht umgehend erschossen. Ihnen wurde die Möglichkeit gelassen, zurückzukehren. Wenn auch nur für eine Stunde. Dann fiel ein Schuss und ein Leben war vorbei. Selbst den Pflanzen erging es ein Stück weit besser als ihren Verwandten in „Natures Destination". Denn wenn ein Spross sich mit seinen Trieben über die vom Menschen hocherrichtete Mauer verirrte, wurde er nicht sofort von metallischen Klingen durchtrennt, sondern durfte ein Weilchen leben und atmen. Erst nach einigen Tagen setzten die vollautomatischen Scheren an, um seine Adern zu durchtrennen. Gewiss, nur ein schlechter Trost.

Das vierte Paradies befand sich auf dem fernen australischen Festland und hatte den Namen „The Last Red Land" erhalten. Das Wüstenland war flächenmäßig das zweitgrößte, aber von den wenigsten Tieren und Pflanzen bewohnt. Die Menschen lebten weit, sehr weit weg von der Mauer, die auch dieses Paradies eingrenzte. Denn außen herum lag eines der größten Energieversorgungsgebiete der Zivilisation: „The Great Barrier Solar Reef". Es war so gigantisch, dass stundenlang mit dem Helikopter geflogen werden konnte, ohne auf dem Boden etwas anderes zu sehen als die weißblau glänzenden Panels der Solaranlagen.

Zuletzt, da war das „Eurasische Paradies", vor dem ich sitze. Die einstige Mauer ist seit vielen Jahren nicht mehr auszumachen. Lediglich ein Turm zeugt noch von der Zeit der Menschheit. Bald, das ist sicher, wird sich auch dieser den Kräften von Wind und Wetter geschlagen geben.

Das waren die Paradiese, die letzten Zufluchtsorte der Natur, in denen sich ein Mensch nur aufgehalten hatte, um diese fremde Welt zu beobachten. Wie ein Außerirdischer inspizierte und betrachtete er diese seltsamen Kreaturen, ohne sich auch nur im Geringsten damit verbunden zu fühlen. Jegliches Empfinden seines früheren Selbst war verschwunden. Das Band zur Natur war zerschnitten.

Die Paradiese waren nur vorhanden und geduldet, weil sie in alten, fast schon antiken Regelwerken benannt und festgeschrieben waren – wie ein göttliches Gebot in der Welt verankert. Niemand stellte sie infrage und irgendwann wusste niemand mehr, woher sie gekommen waren.

Außerhalb der Paradiese wandelten die Roboter im Hautmantel. Getrieben von Wachstum und schwarzen Zahlen. Sie hörten nicht mehr auf ihre Sinne, nur auf das, was von außen kam. Auf die Werbung und Maschinen, auf die Arbeitszeiten und Gesetze.

Das Leben der Menschheit lief auf diese Weise über Jahrzehnte und Jahrhunderte. Alles war bestimmt vom menschlichen Willen und der Technik … obwohl, besser gesagt vom Willen der Technik. Denn das Einzelgeschöpf Mensch war zu einem kleinen Zahnrad, einem winzigen Schaltpunkt im alles umspannenden Netz der Produktion und des Konsums geworden.

Es schien für ewig, was der Mensch begonnen hatte und was ihm längst aus den Händen geglitten war. Das Robotersein schien „Humans Destination". Zweck und Ziel seiner Existenz.

Aber so – wurde es nicht.

Denn es kam zur „Wiedergeburt der Sinne": Eines Tages verbrachte ein junges Kind seine Zeit in einem der Paradiese und auf einmal fühlte es, tief im Innern, einen merkwürdigen Drang. Aus diesem Gefühl heraus trat es an eines der vielen absurd grünen Gewächse heran und berührte die glatte Haut eines Blattes. In diesem Augenblick eröffnete sich dem Kind eine neue Welt. Es fühlte, was da wuchs; roch, wie es duftete; wusste, was es war. Da begann es zu verstehen, weshalb dieses Etwas existierte. In diesem Moment entstand auf wundersame Weise wieder eine Bindung zur Natur, die sich über die folgenden Jahrzehnte immer weiter fortpflanzte. Das Kind trug eine Botschaft hinaus und so wurde das Gespür für das natürlich Menschliche neu entdeckt, nein, vielmehr neu geboren.

Die Zivilisation hinterfragte mehr und mehr das System. Es entstand eine Philosophie, die sich im kollektiven Gedächtnis niederließ und nach kurzer Zeit die gesamte Menschheit umfasste. Da begriffen die Menschen, was sie verursacht haben – was die anthropozäne Konsumorgie angerichtet hat.

Deshalb überlegten sie, was getan werden konnte. Es wurde zum allgemeinen Wunsch, die Natur zu befreien und den Homo sapiens wieder ein Teil von ihr werden zu lassen.

Die ersten Schritte waren klein: Pflanzen wurden in die Wohnungen geholt, der Medienwahn wurde zurückgefahren und die Einkaufssucht bekämpft. Die Luft wurde besser, das Leben ein wenig angenehmer.

Mit der Zeit aber zeichnete sich das größte Problem immer deutlicher ab: Die Menschheit war zu groß. Es lebten so viele Menschen auf der Erde, dass kein Platz mehr für die Natur war. So blieb das einzige, wirklich natürliche im Menschendasein der Sex. Dieser war auch vor der „Wiedergeburt der Sinne" da gewesen und dieser trug dazu bei, dass es nicht weniger Menschen wurden.

So verstrichen viele weitere Jahre und im Kern blieb alles beim Alten.

Bis zu jenem Tag, als eine Person eine Idee aufbrachte. Diese Idee verbreitete sich schnell in allen Ländern und wurde bekannt als „Der Vorschlag des selbstbeschlossenen Endes". Sie setzte sich in den Köpfen fest und bald schon wurde ein Entschluss gefasst. Jede einzelne Person musste befragt werden. Die Frage war einfach, aber so entscheidend: Soll der Homo sapiens sich selbst aussterben lassen?

Alle wurden gefragt und es wurde vereinbart, dass dieser Entschluss nur durchgeführt werden würde, wenn jede Person über sechs Jahren zustimmen würde.

Und so kam es. Alle sagten ja.

Diese Entscheidung war die größte, die die Menschheit je getroffen hatte. Sie war der Beginn des letzten Kapitels der Menschen. Sie ist der Grund, weshalb ich heute alleine bin.

Die Menschheit hatte sich dafür entschieden, sich ein Ende zu bereiten. So stark war die Erkenntnis, dass es ihr nicht mehr gelingen würde, gemeinsam mit der Natur zu sein.

-

Um dieses letzte große Vorhaben umzusetzen, wurde jede Frau und jeder Mann sterilisiert.

Die ersten Veränderungen zeigten sich schnell. Nach wenigen Wochen waren wir ruhiger und gelassener. Der ständige Entwicklungs- und Wachstumsdrang war schlagartig verschwunden. Es wurde sich mehr Zeit genommen – für die Familie, für Freunde und Spiele. Das Lachen kehrte zurück in die Straßen und Häuser.

Je mehr Jahre vergingen, desto weiter drangen die Pflanzen in die Districts vor und desto mehr erfreuten wir uns am satten Grün. Unsere Herzen waren nicht mehr bloße Pumpmaschinen. Sie erlangten wieder ihre alte Bedeutung.

Irgendwann hörten wir das sonderbare Singen der Vögel und fanden Abdrücke von noch nie gesehenen Hufen und Füßen in den neu angelegten Pflanzbeeten.

Nach vielen Jahren wurden die Auswirkungen der schrumpfenden Menschheit stärker bemerkbar. Häuser standen leer und wurden abgerissen, die Luft wurde klarer und die Städte kleiner.

Wir legten unsere Geräte beiseite und versuchten, uns mehr auf unsere Sinne zu verlassen. Wir lernten die Natur immer mehr kennen und freuten uns an ihr.

In den letzten zehn Jahren brachen die Medien und Satelliten zusammen. Die wenigen Millionen Menschen verbrachten den Lebensabend der Menschheit in einzelnen Gebieten, weit verstreut auf dem gesamten Globus. Krankheiten wurden nicht mehr bekämpft, sondern akzeptiert. Viele starben, die meisten an Schwäche und Alter, aber in Ruhe und Zufriedenheit. Die Liebe zu unseren Freunden und Familien wuchs mit jedem Tag. Genauso wuchs die Natur und bald hatte sie fast alles, was der Roboter im Hautmantel zivilisiert und industrialisiert hatte, wieder zu einer vielfältigen, lebensfrohen Landschaft verwandelt.

Wir waren ein Licht neben den vielen Lichtern der anderen Geschöpfe. Wir aßen, tranken und freuten uns. Bis nur noch wenige von uns übrig waren. Die letzten von uns suchten sich Heimat in den weiten Wäldern und sanften Lichtungen.

-

Zuletzt waren es ich und drei weitere. Zwei Männer und zwei Frauen. Alt und gebrechlich, aber froh und munter wie kein Mensch in den letzten tausend Jahren. Wir schlenderten unter den Bäumen entlang, sogen die herrliche Luft in unsere Lungen und lauschten all den wunderbaren Geräuschen.

Mit unseren Artverwandten in den anderen Gebieten konnten wir über ehemalige Pipelines in Kontakt bleiben, die zu interkontinentalen Rohrpostanlagen umfunktioniert worden waren.

Die zwei Männer starben zuerst und vor einigen Monaten kam die letzte Botschaft aus den anderen Kontinenten. So wussten wir, dass wir die letzten beiden unserer Spezies waren. Wir verbrachten unsere gemeinsame Zeit bei langen

Spaziergängen, wundervollen Gesprächen und ausgiebigen Träumereien.

Vor drei Wochen hatte sie sich dann für immer schlafen gelegt. Es war unter einer großen Eiche, an einem kleinen See. Die Sonne strahlte herab. Neben ihr brummten einige Insekten, die sich an prachtvollen Staudenblüten labten. Ihre Augen waren einfach zugefallen, wie schon so oft zuvor. Doch ihr Geist war fortgegangen, auf den Sonnenstrahlen hinauf in die Unendlichkeit.

-

So bin ich es, die als letzte Hinterbliebene die Geschichte unserer Spezies niederschreiben kann. Für wen, das weiß ich nicht. Vielleicht wird niemand, jemals, diese Worte lesen. Und wenn, dann seid ermahnt, diese Welt nicht mehr so zu unterdrücken und zu drangsalieren, bis aufs letzte Tröpfchen Lebenssaft auszuquetschen, wie meine Vorfahren es getan hatten.

Ich merke, es geht vorbei. Ich sitze da, über Wäldern und Seen. An meine alten Ohren dringt das Rauschen des Windes, das Zirpen der Grillen, das Rascheln der Mäuse und Rehe. Und ich weiß, so ist es gut.

Der letzte Atemzug wird meine Lunge verlassen, vielleicht heute Abend, vielleicht morgen oder erst in einigen Tagen. Aber ganz gewiss, er wird kommen und somit das Ende der Menschheit, dem ehemaligen, selbst ernannten „Herrscher über die Schöpfung".

Mit mir wird die Erinnerung verschwinden und endgültig weichen dem zeitlosen Kreislauf des Lebens und der Evolution.

So ist es gut, da bin ich mir sicher, hier oben, über dem Paradies.

RASCHELN, WIND UND CHA-CHA-CHA

Manchmal braucht es nur wenige Worte, um auszudrücken, was das Herz fühlt. Um Szenen zu schaffen, die tief gehen und tief berühren. Folgend, nun, ein kurzer Text auf die Freude des Lebens und des Zusammenseins.

Genieße und lass Dich fallen – höre, was die Zeilen Dir zu sagen haben.

✦   ✦   ✦

Hoch oben, seh ich fliegen, bunt schillernd, traumhaft schön: die Wolken, voller Zärtlichkeit.

Sie flocken auf, formen sich um, der Wind trägt sie am Himmel entlang.

Und ich steh' da, schau hinauf. Träum so vor mich hin.

Die Sonne winkt ein letztes Mal. Ihre Strahlen, hell auf meiner Nase. Wärme kommt auf. Rot, orange, gelb in meinem Innern. So wie die Wolken.

Ich bin froh. Ich bin hier.

Bäume da, überall, lassen ihre Arme gleiten. Im Wind, wunderbar. Rascheln. Ich lausche. Dann: Ruhe.

Mein Herz schwingt. Es tanzt.

Ja, sie kommt. Sie ist bald da. Zärtlich sagt sie hallo. Drückt mich, küsst mich.

Unsere Hände tanzen Cha-Cha-Cha.

Wir laufen los. Der Weg ist weit. Wiesengras, schmiegsam wellengleich im Klang der Einigkeit.

So geh' ich vorn. Seh' bald, was Ziel uns heißen mag. Ein Flecken Wald, ein Flecken Grün.

Wir setzen uns, genießen das Rot, das sich malt am Himmel bis zum Horizont.

„Schön, nicht wahr?", fragt sie.

Ich nicke. Sage nichts.

Eine Berührung. Knacken im Gebüsch, Knistern im Herzen.

Das reicht. Mehr braucht es nicht.

Für Glück im Leben. Im Augenblick.

Gleich, vielleicht, ewiglich.

IM WEIN LIEGT WEISHEIT

Menschen sind vielfältig. Im Aussehen, in ihrem Tun und Denken. Seit dem Sommer 2021 bediene ich in einer Café-Bar. Dort treffe ich auf viele Menschen. Regelmäßig finden Veranstaltungen statt, meist mit Musikern und Bands.

An einem Abend spielte einer solo, auf den Stühlen saßen einige Leute. Darunter zwei, die hinterließen Eindruck. Ihre Spuren in meinem Kopf wollte ich festhalten. Ich schrieb sie schnell ins Handy.

Oder – besser langsam?

⬍   ⬍   ⬍

Ich radle los. Bin mal wieder spät dran. Soll ich schnell oder langsam fahren? Ich entscheide mich für schnell. Ich gebe Sicherheit auf für Pünktlichkeit.

Ein guter Deal?

Mal sehen. Wenn es glattläuft, ja, wenn ich auf glattes Alu treff, dann nein.

Der Wind rauscht durch meine Haare. Ich warte. Darauf, mir die langen Strähnen aus dem Gesicht streifen zu dürfen. Dass sie mir nicht mehr in die Augen piksen.

Doch … es kommt nichts. Meine Iris bleibt verschont, die Hände müssen sich nicht vom Lenker scheiden.

Da fällt's mir wieder ein. Ich bin unters Messer gekommen.

Das klingt jetzt härter als es war. Eigentlich war es sogar ganz angenehm. Die Mutter der Freundin meines Bruders war die Person, die sich meinen Haaren gewidmet hatte. Am Ende kam ein ganz ansehnliches Werk zustande.

Sie war zu uns nach Hause gekommen. Eine Haarkünstlerin mit ihrem Werkzeug.

Heute fahre ich zu einem Künstler. Musik macht der, seine Werkzeuge sind Mundharmonika, Gitarre, Fußtrommel und seine Stimmbänder. In der Café-Bar in meiner Stadt. Kurz Caba genannt. Dort tritt er heute auf. One-Man-Show. Und eine Show, das wirds mit Sicherheit.

Ich komme aber nicht bloß zum Lauschen und Feiern seiner Lieder. Ich bediene. Getränke, Dinnete, Bier und Wein, das sind meine Werkzeuge. Zumindest für den Abend. Denn Werkzeuge hat man immer verschiedene. Jetzt gerade ists das Handy, auf dem ich tippe und das sich über Kreativitätsergüsse freuen darf.

Auf jeden Fall würde ein cooles, kleines Konzert stattfinden.

Ich freue mich.

Die Reifen meines Fahrrads vielleicht nicht unbedingt. Die Fahrt zum Caba beansprucht sie stark.

Da sehen sie ihre Erlösung. Die Bar rückt näher.

Ich fahre die Rampe herunter, steige ab. Nehme die Last vom Sattel … krasse Vorstellung. Ich bin Last für mein Fahrrad.

Ich laufe zum Eingang und gehe hinein. Gerade noch rechtzeitig.

Meine Kollegin bereitet Getränke vor. Es kamen zwei neue Tische. Also nicht die Tische selbst. Sondern Gäste. Sie hockten sich dort hin.

Zwei von ihnen an einen Tisch rechts im Eck.

Einer groß und stämmig.

‚Einundvierzig', teilt mir meine integrierte Alterseinschätzungsfunktion mit.

Der andere ist ein Mann mit Haaren so weiß wie ein unbeschriebenes Blatt. Aber mit einem Erfahrungsschatz so groß wie eine Bibliothek. Besonders Partys und Abenteuer waren im Leben des Mannes von großer Präsenz. Das sollte ich im Laufe des Abends herausfinden.

Sein Bart ist beinahe so lang wie das Geschirrtuch über der Barkühltruhe, das Hemd an seiner Brust hat die gleiche Farbe wie die Haare.

So stelle ich mir Miraculix vor.

Ich nehme mir einen feuchten Lappen und gehe zum Tisch.

Der Jüngere hängt seine Jacke über die Lehne.

„Ich putz' noch schnell den Tisch ab", sage ich und lege los.

Das nasse Tuch flitzt über die Holzplatte.

Der Alte lächelt. „Geht das auch langsam? Also den Tisch fegen."

Ich schaue ihn an. „Ja, das geht auch."

Meine Hand fährt herunter. Gemütlich wie ein Auto am Sonntagmittag.

In meinem Kopf baut sich ein Gedanke zusammen: wo nicht überall das Fließband-Dogma und ‚Mach hinne'-Syndrom Einzug gehalten haben.

So wie beim Unterzeichnen von Dokumenten. Erst am Mittag gab mir ein Mann eine Unterschrift, die auf einer Kinderzeichnung zwischen Vögeln nicht aufgefallen wäre.

Dabei ist das der physische Ausdruck einer der grundlegendsten Dinge einer Existenz. Der Name. Ein individualistisches Zeichen, das sowohl Segen als auch Laster sein kann.

Denn für vieles, oder fast schon alles, steht der eigene Name. Sinnbildlich ist das die Schnittstelle zur Gesellschaft. Ein Name kann mit Erfolg verbunden werden. Nicht umsonst bürgt der Herr Hipp mit seinem Namen für die Babynahrung, die sein Unternehmen vertickt.

Ein Name könnte sogar für Erfolg sorgen oder zu größerem Erfolg führen.

Wäre die Harry Potter-Buchreihe wohl so bekannt geworden, wenn der Zauberling Xaver Sandringham geheißen hätte? Oder Horst Ludwigkeit?

Vermutlich nicht.

Aber witzig wär's: Lord Voldemort, der züngelt, kurz bevor er den Hauptcharakter mit dem Todesfluch beschießt: „Horst Ludwigkeit, komm her – und stirb!"

…

Also, es ist klar, der Name ist ein wichtiger Bestandteil eines Menschen. Und manche schludern ihn hin, so schnell wie ich den Tisch geputzt habe. Unbegrenztes Wachstum. Es muss immer schneller gehen.

Und ja, ich bin abgeschweift.

Zurück in die Caba.

„Und wo ist die Grenze zwischen schnell und langsam?", fragt der Herr mit dem langen Bart.

‚Sehr gute Frage', meint mein Kopf.

„Weiß ich nicht", sage ich.

Der Mann zeigt auf die Kante zwischen den beiden Tischen und lacht. „Da. Da ist die Grenze."

Ich lache auch.

‚So fiktiv gewählt wie die Grenzen eines Landes', denkt sich mein Kopf.

Daraufhin fragt er: „Lieber schnell oder langsam sterben?"

Ich überlege. Antworte dann: „Schnell fänd' ich besser."

‚Zum Glück ists vorhin beim Herfahren nicht passiert. Sonst wären die Gläser heute Abend leer geblieben', fügt mein Kopf hinzu.

Der Mann lacht. „Kommt drauf an. Aber viel besser ist doch zu leben."

Ich staune. „Stimmt."

„Ja, und viele sind deswegen unsterblich."

Ein Fragezeichen zeichnet sich auf meinem Gesicht ab.

Der Alte sieht es. „Weil sie nie richtig gelebt haben." Ein herzliches Lachen folgt. „Ich müsste eigentlich schon vor Jahrzehnten gestorben sein. Gelebt habe ich genug. Vor dreißig Jahren saß ich schon hier. Und habe viele Weine getrunken."

Ich gehe davon. Das Tablett auf meiner Hand.

Ein Satz entsteht in meinem Kopf: Aus einer anderen Perspektive kommt schnell Licht ins Dunkel.

Das passt.

Und Licht ins Leben.

In diesem Fall.

-

Vier Stunden später hat der Mann sieben Gläser Weißwein intus. Er brabbelt vor sich hin.

Ob das Weiße in seinen Haaren vom Wein kommt? Oder schwindet seine Weisheit in die toten Auswüchse seines Haupts?

Ich denke: ‚In ein wenig Wein liegt Weisheit, bei viel liegt man unterm Tisch.'

Der Mann steht zwar noch, aber seine Zunge bewegt sich schwerfällig. Wie sein ganzer Bewegungsapparat.

Er hat sich wohl fürs langsam sterben entschieden.

WENN'S DUNKEL WIRD

Abends kann ich mich häufig besser konzentrieren als tagsüber. Dieser Text dreht sich um das Danach. Wenn ich vom Schreibtisch, Lagerfeuer oder von sonst wo aufgestanden bin und mich ins Bett gelegt habe.

Vielleicht hast Du zu nächtlicher Stunde schon mal Ähnliches erlebt. Wenn die Gedanken kreisen und kreisen oder in Bahnen ziehen, die Du noch nie zu Gesicht bekommen hast.

$$\diamond \quad \diamond \quad \diamond$$

Ich kann nicht schlafen. So lautet die Devise. Seit fast zwei Stunden. Vorhin, auf dem Sofa, bin ich eingepennt. Jetzt liege ich da und starre in die Dunkelheit. Nicht die Dunkelheit im Zimmer. Nein, die, die sich hinter geschlossenen Augen verbirgt.

Im Hintergrund lasse ich Musik laufen. Entspannte Melodien und episch klingende Zeilen. Doch mein Körper wehrt sich vehement gegen die geistige Flucht, die ich ihm aufzuzwingen versuche. An das erinnert mich Schlaf. Der Geist ist für ein paar Stunden auf anderen Wegen. Nicht mehr im Körper, sondern auf Erkundungstour. In aufregenden, lustigen oder schrecklichen Träumen. Oder einfach weg. Da kommen einem die Stunden fast schon wie nicht gelebt vor.

Irgendwann kehrt er zurück und ich erwache.

Nun will er keine Ruhe nehmen. Es ist 3:30 Uhr nachts. Oder früh morgens. Je nach dem … oder heißt es je nachdem? Keine Ahnung. Juckt auch nicht.

Zurück zu meinem Geist. Er will keinen Kurzurlaub nehmen. Weil ich ihn in den letzten Tagen darauf getrimmt habe, bis tief in die Nacht aufzubleiben. An Weihnachten, beim Klassentreffen, von Silvester auf Neujahr.

Ich kenne das von früher. Hatte ich schon öfters.

Ob das schlecht ist? Ich weiß es nicht. Vielleicht sterbe ich früher, weil sich mein Körper oft nicht richtig regenerieren konnte. Denn es heißt ja in den Stunden nach Mitternacht bis zum frühen Morgen sei der Schlaf am tiefsten und die Erholung am größten.

Anders gesehen ist die Bestimmtheit der Dinge konsequenter als die Irrelevanz periodischer Machtumwälzung ... wow, was zum Kuckuck. Wo kommt das her?

In meinem Kopf kämpfen wohl mehrere Gedanken um Aufmerksamkeit.

Ich beschreibe mal, was gerade hinter meiner Stirn abgeht: Ein erster Gedanke ging um eine mögliche Aussage, die ich mit dem oben Beschriebenen treffen könnte. Also eine Meinung zu der Frage, ob mich fehlender Schlaf während der Nacht jünger sterben lässt. Ich habe versucht, eine Aussage zu konstruieren. So was wie: Viele andere Sachen sind auch nicht gut für meine Gesundheit. Wenn ich Chips esse zum Bleistift. Doch bevor ich fertig war mit Konstruieren, ploppte ein völlig anderer Gedanke auf. Da ging es um weiß der Geier was.

Oje, kommt hier jemand mit?

Egal.

Ist nur dafür da, dass ich müde werde. Zum Glück zeigt's Wirkung. Mein Blick wird schwammiger. Wuhu!

Was ich noch zu dem einen Satz sagen will. Der, der überhaupt keine inhaltliche Bedeutung hat. Zumindest für mich nicht. Maybe somebody can interpretate something into these words.

Seis drum. Was ich sagen will: Manchmal habe ich einfach Bock, ein paar schlaue Worte aneinanderzureihen. Dann kommt so was raus.

Ähnlich wie bei „Nachts ist es kälter als draußen".

Warte.

Ah ne. Doch nicht.

Kannst weiterlesen. Hihi.

Viel zu schreiben bleibt mir aber eh nicht mehr.

Ich versuch' wieder meinen Geist auf Tour zu schicken. Wenn du Karten dafür willst, meldest dich einfach. Gibt auch ne gratis Zimmerpflanze dazu.

Also, bis denne und denk dran: kalt ist nie gut. Egal ob nachts oder draußen.

DANKE, DAS WAR'S

Große Worte will ich nicht verlieren. Die hätten sowieso keinen Platz mehr.

Drum sage ich danke: Meiner Schwester, dass sie sich diesen Texten angenommen hat, um sie auf Hals und Nieren zu testen. Sie gab mir Rückmeldung zum Inhalt und hat mit ihrem Korrekturlesen die kleinen, aber hinterlistigen Wortverdrehungen und vergessenen Buchstaben aufgespürt.

Danke an meine Mutter, meine Freunde und Bekannten, die manche dieser Texte gelesen und mir mitgeteilt haben, was sie gut und was nicht so gut fanden.

Danke an Dich, dass Du Dir das Buch gekauft hast. Ich hoffe, Du fandest Unterhaltung und Gedanken, die Du weiterspinnen oder für später abheften konntest.

Das ist mein Anliegen mit diesem Buch. Dass sich die Leserinnen und Leser mit dem Geschriebenen identifizieren, sie Unbekanntes entdecken oder neue Sichtweisen erhalten können.

-

So, jetzt reicht's! Genug von meinen Worten.

Hol Dir ein Glas Wasser, setz Dich raus und genieße, was auch immer Du genießen willst. Denn dabei kommen einem gelegentlich spannende Fantasien und Einfälle. Und vielleicht, ja vielleicht, willst Du sie festhalten.

Vom Kopf – aufs Blatt!